COURS

DE

MATHÉMATIQUES

A L'USAGE DE

L'INGÉNIEUR CIVIL,

PAR J. ADHÉMAR.

APPLICATIONS
DE GÉOMÉTRIE DESCRIPTIVE.

PONTS BIAIS

EN BOIS.

SUPPLÉMENT AU TRAITÉ DES PONTS BIAIS EN PIERRES.

PARIS.

VICTOR DALMONT, LIBRAIRE, QUAI DES AUGUSTINS, 49.

—

1858

Imprimé par E. THUNOT et Cᵉ, rue Racine, 26, près de l'Odéon.

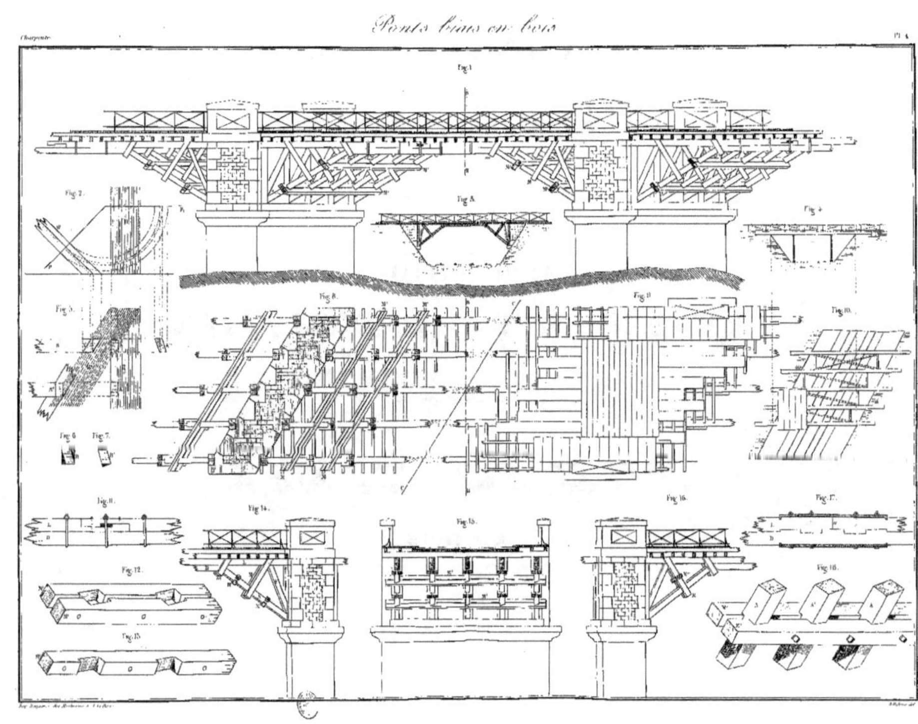
Charpente
Pl. 4
Fig. 1
Fig. 2
Fig. 3
Fig. 4
Fig. 5
Fig. 6
Fig. 7
Fig. 8
Fig. 9
Fig. 10
Fig. 11
Fig. 12
Fig. 13
Fig. 14
Fig. 15
Fig. 16
Fig. 17
Fig. 18

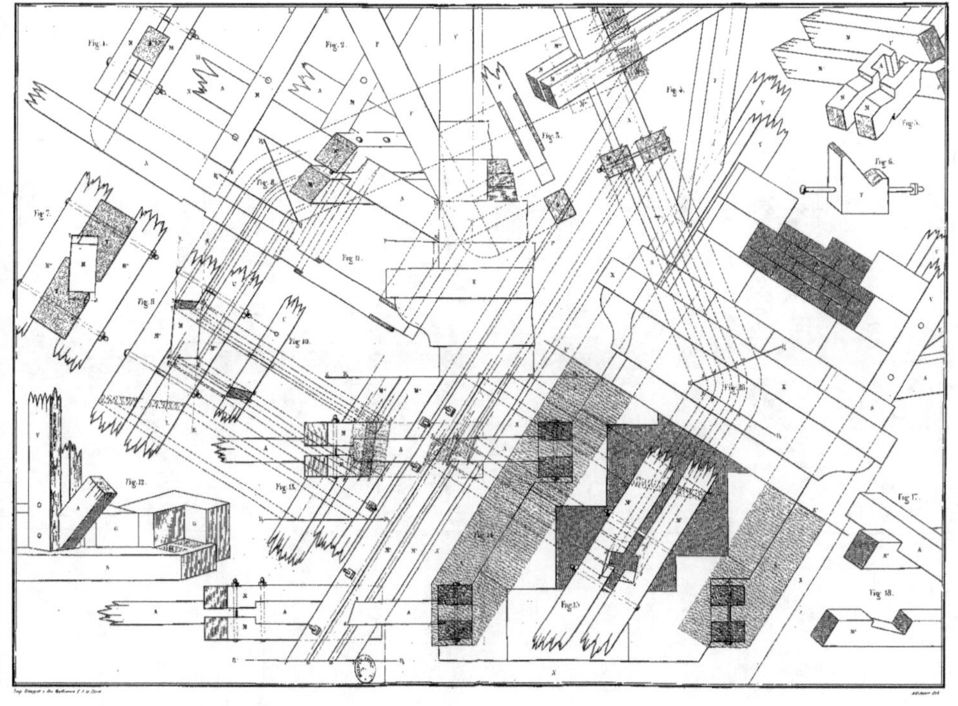

Fig. 1.
Fig. 2.
Fig. 3.
Fig. 4.
Fig. 5.
Fig. 6.
Fig. 7.
Fig. 8.
Fig. 9.
Fig. 10.
Fig. 11.
Fig. 12.
Fig. 13.
Fig. 14.
Fig. 15.
Fig. 16.
Fig. 17.
Fig. 18.

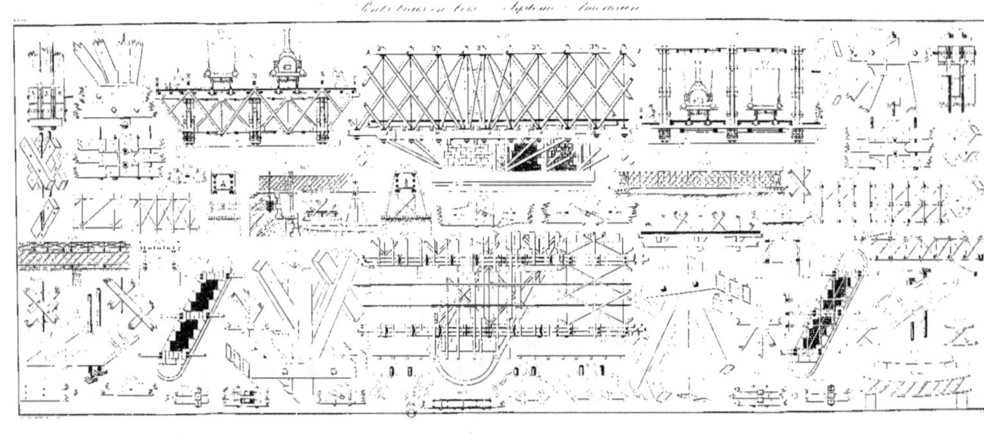

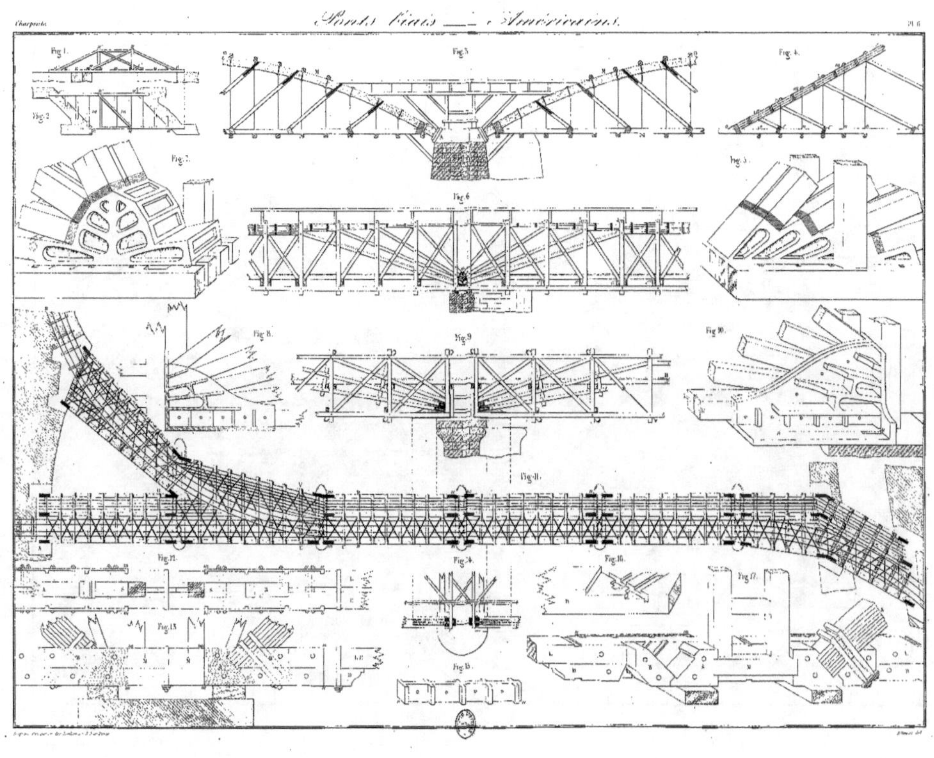

Fig. 1.
Fig. 2.
Fig. 3.
Fig. 4.
Fig. 5.
Fig. 6.
Fig. 7.
Fig. 8.
Fig. 9.
Fig. 10.
Fig. 11.
Fig. 12.
Fig. 13.
Fig. 14.
Fig. 15.
Fig. 16.
Fig. 17.

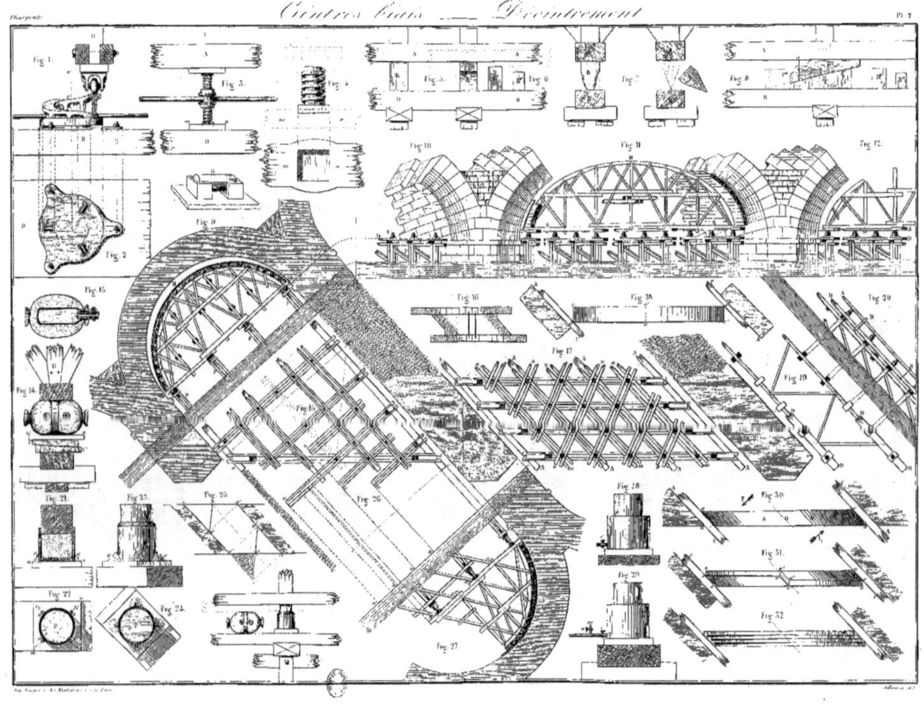

Fig. 1.
Fig. 2.
Fig. 3.
Fig. 4.
Fig. 5.
Fig. 6.
Fig. 7.
Fig. 8.
Fig. 10.
Fig. 11.
Fig. 12.
Fig. 13.
Fig. 14.
Fig. 15.
Fig. 16.
Fig. 17.
Fig. 18.
Fig. 19.
Fig. 20.
Fig. 21.
Fig. 22.
Fig. 23.
Fig. 24.
Fig. 25.
Fig. 26.
Fig. 27.
Fig. 28.
Fig. 29.
Fig. 30.
Fig. 31.
Fig. 32.

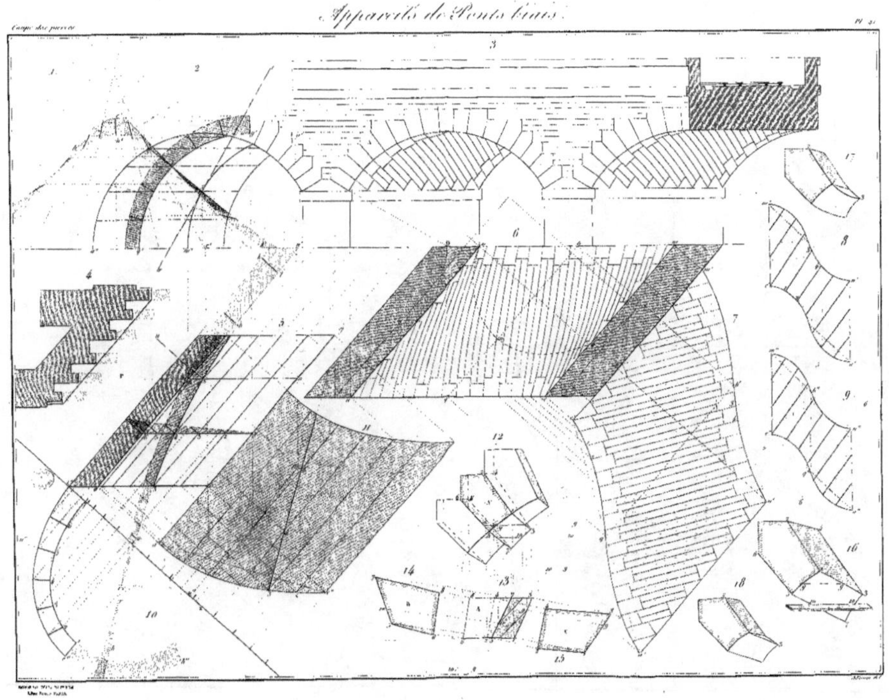

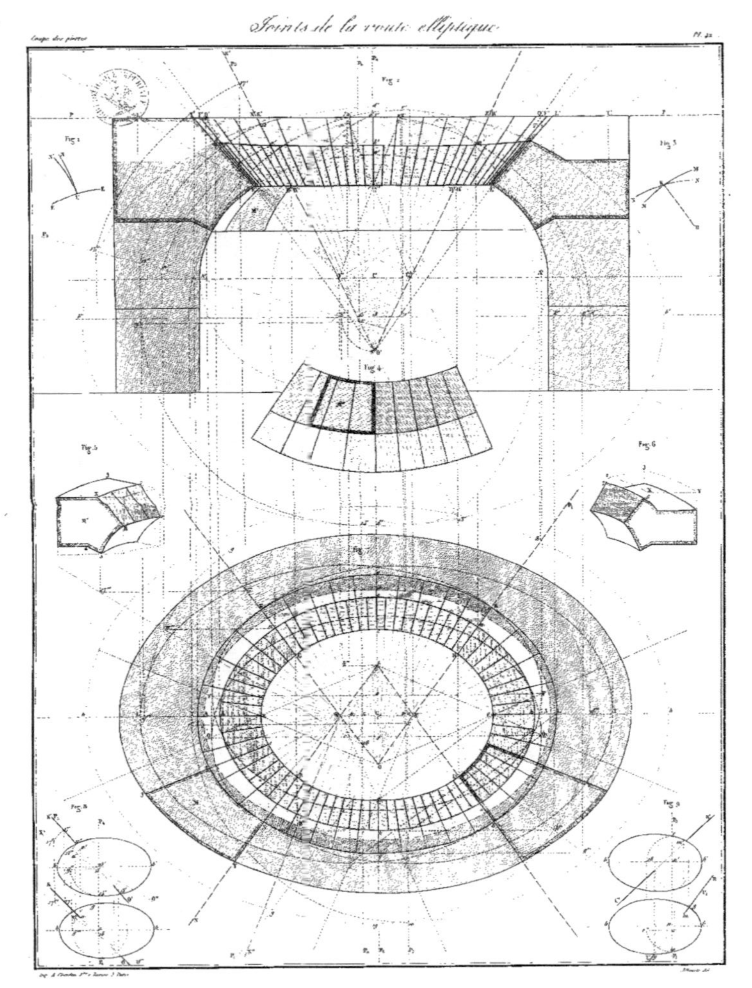

Fig. 1
Fig. 2
Fig. 3
Fig. 4
Fig. 5
Fig. 6
Fig. 7
Fig. 8
Fig. 9

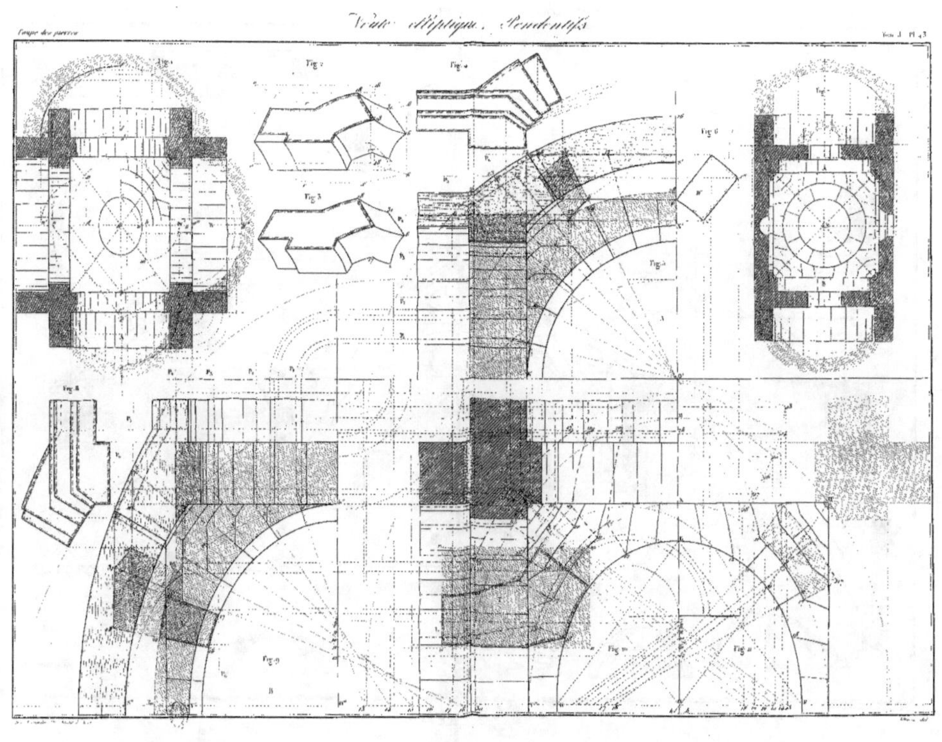

Fig. 1
Fig. 2
Fig. 3
Fig. 4
Fig. 5
Fig. 6
Fig. 7
Fig. 8
Fig. 9
Fig. 10
Fig. 11

Stabilité des Fermes et des Berceaux
Charpente
Tom. II. Pl. 44.
Fig. 1
Fig. 3
Fig. 4
Fig. 5
Fig. 6
Fig. 8
Fig. 10
Fig. 11
Fig. 13
Fig. 14
Fig. 15
Fig. 16
Fig. 18

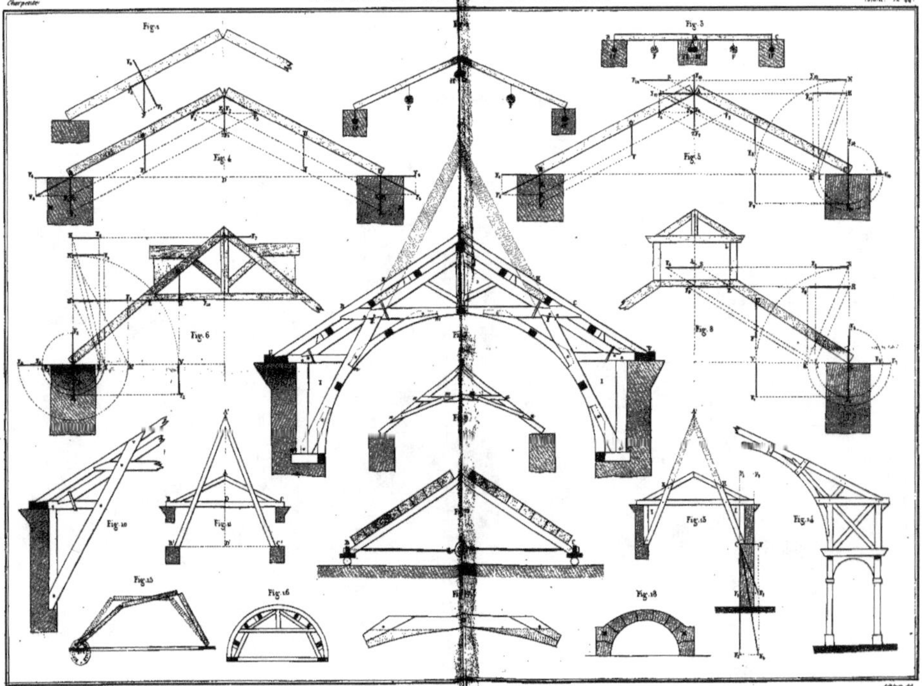

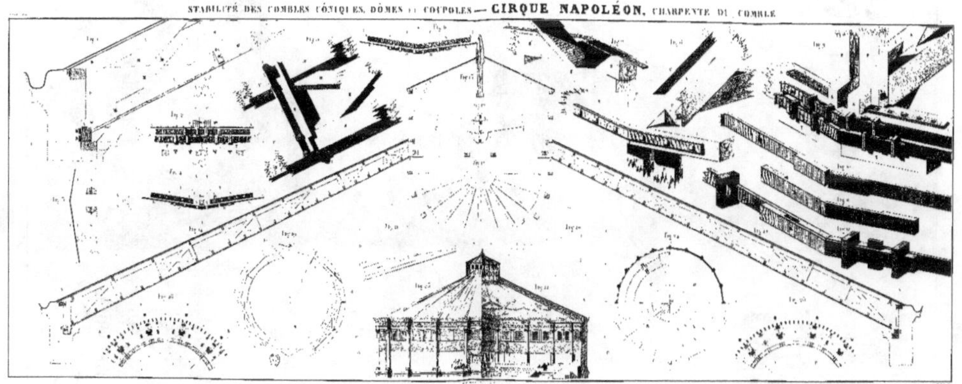

STABILITÉ DES COMBLES CONIQUES, DÔMES ET COUPOLES — CIRQUE NAPOLÉON, CHARPENTE DU COMBLE

Fig. 6.
Fig. 3.
Fig. 4.
Fig. 2.
Fig. 3.
Fig. 5.
Fig. 7.
Fig. 8.
Fig. 9.
Fig. 11.
Fig. 10.
Fig. 12.
Fig. 13.

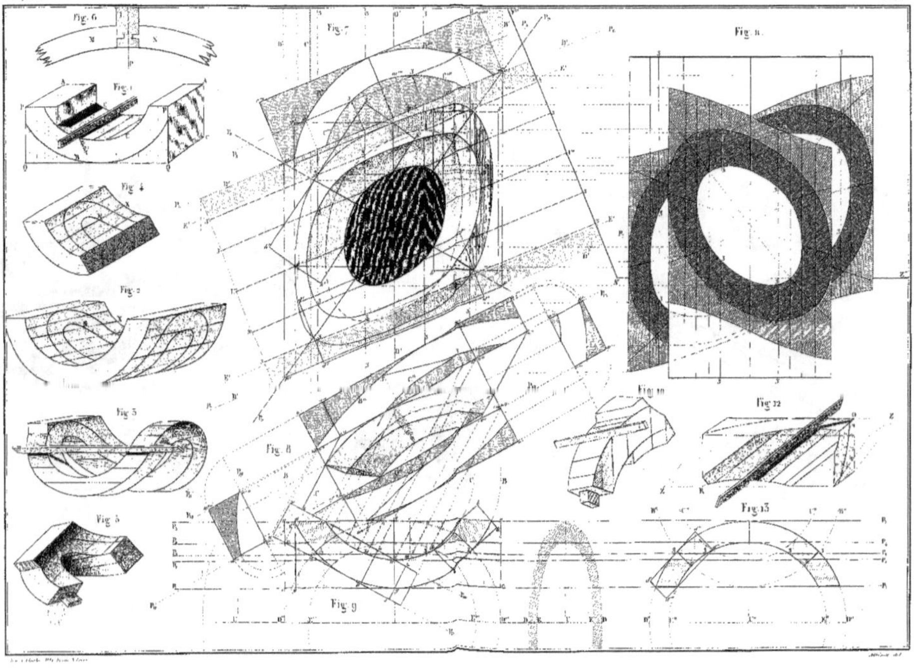

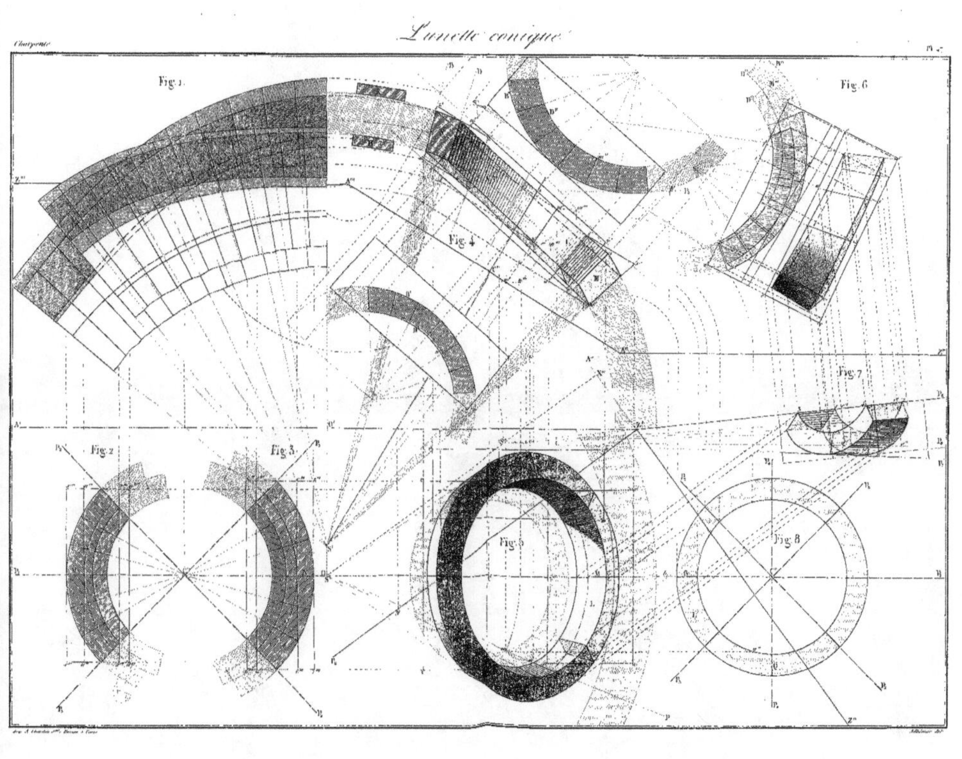

Fig. 1.
Fig. 2.
Fig. 3.
Fig. 4.
Fig. 5.
Fig. 6.
Fig. 7.
Fig. 8.